Sissi und Amalie

Für Manuela

Birgid Windisch

Sissi und Amalie

Mit Vertrauen und Mut wird alles gut

Bibliografische Information der Deutschen Nationalbibliothek:
Die Deutsche Nationalbibliothek verzeichnet diese Publikation in der Deutschen Nationalbibliografie; detaillierte bibliografische Daten sind im Internet über http://dnb.dnb.de abrufbar.

© *2018 Name des Autors/Rechteinhabers* **Birgid Windisch**

Illustration: **Birgid Windisch**

Herstellung und Verlag: BoD – Books on Demand, Norderstedt

ISBN: 9783743134409

In einem gemütlichen Hasenkasten wohnte die kleine Häsin Sissi.
Vor einiger Zeit lebte noch ein alter Haserich eine Etage unter ihr, der aber leider irgendwann starb.

Nun war sie ganz allein im Hasenstall.
Sie richtete sich in ihrem Heim ein, so, wie es ihr gefiel.

Sie hatte ein schönes Zuhause mit einem großen Zimmer und über ihr war noch ein gemütliches Spitzdach.

Unten, im „normalen" Stall, war ein großer Karton, in dem sie sich manchmal versteckte oder in den sie sich bei Kälte zurückziehen

konnte. Er stand auf dem Kopf und hatte zwei Ausgänge, war also wie ein kleines Haus.
Dahinter hatte sie sich ihr Klo eingerichtet, denn Sissi war eine saubere Häsin.

Auf der rechten Seite, neben der Futtertür, lag ein Haufen sauberes Stroh zum Hineinkuscheln und jeden Tag bekam sie etwas frisches Heu zum Fressen und um sich darauf zu legen. In die obere Etage, dem Spitzdach, kam sie, indem sie vom Karton aus durch die Luke nach oben sprang.
Sie konnte es auch ohne den Karton, aber mit, war es leichter.

Als sie einmal Babies bekam, brachte sie sie oben im Spitzboden zur Welt, denn dort konnte man nicht so gut hineinsehen - es hing immer ein Stück Vorhang davor. Ihr Mensch bemerkte es erst, als sie schon alleine hinunterspringen konnten.

Seit einiger Zeit nun, war Sissi nicht mehr allein. Bei ihr wohnte Amalie - eine nette Mäusedame mit ihrer Familie.

Manchmal war ihre Familie recht zahlreich, dann wieder blieb nur noch Amalie übrig. Sissi und Amalie hatten sich gut aneinander gewöhnt und konnten sich aufeinander verlassen.

Amalie wusste, dass es bei Sissi schön warm war und immer genug zu essen gab und Sissi wusste, dass jemand da war, der ihr zuhörte und ihr Gesellschaft leistete, wenn sie sich einsam fühlte.

Unter ihr wohnte nun Moppel, ihr korpulenter Sohn, aber der war doch recht träge. Einer seiner Vorfahren musste wohl ein ordinärer Stallhase gewesen sein, denn er war viel größer als sie, die sie eine zierliche Kaninchendame mit langem Pony war.

Zudem konnte er nicht zu ihr kommen. Sie hatten nur Kontakt, wenn die Türchen offen waren. Dann legten sie ihre Köpfe aneinander und beschnupperten sich.

Es war schön, dass er so nah war und sie sich verständigen konnten, durch Klopfzeichen zum Beispiel, aber Amalie war eine Frau wie sie und verstand ihre Sorgen und Nöte viel besser.

Dieses Jahr würde es wieder ein harter Winter werden. Sie spürte es in allen Knochen und auch daran, dass ihr schon seit einiger Zeit die Sommerhaare ausgingen und der Winterpelz mächtig wuchs.

Aber sie machte sich keine Sorgen. Letztes Jahr, als es so kalt gewesen war, hatten ihr die Menschen einfach Styroporplatten rundum befestigt. Natürlich war es so einige Tage dunkel. Aber besser im Dunkeln als gefroren oder tot. Amalie fand das auch.

Sie redeten viel miteinander. Amalie zum Beispiel, erzählte oft von ihren Kindern, die seit einiger Zeit ausgezogen waren und ab und an zu Besuch kamen.

Eins wohnte unter dem großen Holzstapel, zwei in der Scheune, eins in der Holzhalle und eines unter der Terrasse, wo das Stroh gelagert wurde.

Sie hatte sie alle sehr lieb, war aber inzwischen froh, mehr Zeit für sjch zu haben. Sie war nun im dritten Lebensjahr und hatte schon vielen Kindern das Leben geschenkt.

Sie sehnte sich nach Ruhe. Doch jedes Mal, wenn ihr Mann Adalbert zu Besuch da gewesen war, wurde sie wieder kurz danach Mutter.

Zum Glück war Adalbert schon länger nicht dagewesen und sie hatte den Verdacht, dass Anna, die alte Katze der Menschen, dabei ihre Pfote im Spiel gehabt haben könnte. Trotzdem – sie wusste, wenn es wieder richtig kalt werden würde, dann würden sie wieder ankommen. Ihre Kinder, die immer von ihrem eigenen Leben schwärmten und ihrer Unabhängigkeit.

Dann würden sie wieder da sein, ihr Stroh mitbenutzen, ihr Essen mit essen und sich an ihr wärmen wollen und das war auch gut so, dachte sie belustigt.

Doch jetzt waren sie noch für sich. Langweilig war den beiden Damen nie, sie wussten immer etwas mit sich anzufangen, putzten sich und bewunderten sich gegenseitig und erzählten sich Anekdoten aus ihrem Leben.

Sissi stammte aus einem alten adeligen Löwenkopfkaninchengeschlecht. Ihre Eltern waren im Wald ausgesetzt, in einem Kaninchenstall gefunden worden. Buchstäblich in letzter Minute. Sie konnten nicht einmal heraus und sich selbst etwas zu fressen oder zu trinken besorgen.
Liebe Menschen hatten sie gefunden und ihnen eine Heimat gegeben. Kurze Zeit danach kam Sissi zur Welt.

Sie hatte noch 5 Geschwister und zusammen bewohnten sie ein großes Heim, von dem aus sie mehrere Räume benutzen konnten, treppauf oder treppab, wie sie es wollten.

Leider es ging nicht lange gut. Als die Kinder größer wurden und die Raufereien ein unerträgliches Ausmaß annahmen, verschenkten die Menschen einige Kaninchen, unter ihnen Sissi.
So kam Sissi zu „ihrem“ Menschen. Sie war anfangs sehr misstrauisch. Menschen waren so groß und unberechenbar. Sie fühlte sich ausgeliefert. Was, wenn dieser Mensch einfach keine Lust mehr hatte, ihr etwas zu essen oder trinken zu geben? Dann müsste sie elendig verhungern.

Doch im Lauf der Zeit lernte sie, dass es immer genug zu essen gab. Morgens brachte ihr Mensch ihr eine Handvoll Trockenfutter und eine Mohrrübe. Wenn das Wasser leer war, füllte er es auf und

manchmal gab es ein hartes Stück Brot, hmmmmm.....Amalie bekam immer ein kleines Extra-Stück und oft konnte man sie einträchtig knabbern hören....

Abends bekamen sie im Sommer frisches Grünfutter zum Naschen und im Winter nur ein, zwei grüne Blätter. Grünfutter war gar nicht so gesund, aber Sissi liebte es trotzdem.

Amalie zerstreute Sissis anfänglichen Ängste durch ihre vertrauensvolle Art und lehrte sie, dem Leben mehr und mehr zu vertrauen.
Sie machte eine erstaunliche Erfahrung…je lockerer sie wurde, desto einfacher und zufriedener wurde das Leben.
Wozu sollte sie Angst haben? Es wurde liebevoll für sie gesorgt. Jeden Tag, den Gott werden ließ, bekam sie genug zu essen und zu trinken und dazu immer wieder einige besondere Leckerbissen.

Ihr Mensch sprach mit ihr und wünschte ihr jeden Tag einen guten Morgen. Das schätzte Sissi sehr. Sie spürte, wie wertvoll sie war für diesen Menschen.

Manchmal wollte der Mensch sie streicheln und manchmal ließ sie es auch zu. Aber nicht immer, nein, sie wollte nicht immer. Doch wenn sie es zulassen konnte, tat es ihr gut und sie fühlte, dass ihr nichts passieren konnte bei diesem Menschen. Sie war sicher.

Die Zeit verging. Jeden Tag kam der liebe Mensch und versorgte sie mit allem, was sie brauchte und Amalie und Sissi wurden älter.

Sissi hatte Angst, dass eines Tages Amalie nicht mehr bei ihr sein würde, denn mit jedem Tag wurde Amalie hinfälliger und älter. Sie alterte viel schneller, als sie selbst.
Wer sollte mit ihr reden, wenn sie nicht mehr da wäre? Wer ihr die wertvollen Lebensweisheiten vermitteln, die Amalie zu etwas ganz Besonderem für sie machten? Wer sein Leben mit ihr teilen? Sie hatte sich so an sie gewöhnt...

Doch Amalie half ihr auch diesmal weiter.

„Liebe Sissi", sagte sie. „Hab doch mehr Vertrauen und keine Angst! Es ist gesorgt für uns alle, zu jeder Zeit!"

Sissi schüttelte ängstlich den Kopf. „Aber was soll ich denn ohne dich anfangen? Ich brauche dich und deine Liebe, deine Herzensgüte, dein Wissen vom Leben!" Amalie streichelte ihr mit ihren kleinen Pfötchen über den schönen Kopf.

„Sissi, du brauchst keine Angst haben, es wird weiterhin alles für dich da sein was du brauchst, auch genug Liebe!"

Sissi weinte - "aber ohne dich?, Nein, ohne dich will ich und kann ich nicht sein."

 Amalie kuschelte sich liebevoll an Sissis Brust.

„Liebe Sissi, ich werde immer bei dir sein. Meine Liebe ist da, auch wenn du mich nicht sehen kannst. Sie kann nicht sterben. Und du wirst sehen, dass Gott auch weiterhin für dich sorgen wird. Irgendwann wird es eine neue Amalie für dich geben und wer weiß? Vielleicht ist darin ein Teil von mir, der alten Amalie. Also, lass los und vertrau, es wird gut, du wirst sehen! Mein Körper ist schwach und will einfach nicht mehr.

Sissi lag da, mit Amalie an der Brust und sie kuschelten sich aneinander - spürten die gegenseitige Liebe. Es war wunderschön.

Sissi schlief ein und war erfüllt von Amalies Liebe und ihrem Vertrauen. Als sie erwachte, war Amalie fort. Sie wusste, dass es für immer war, dass sie sie nie mehr sehen würde.

In ihrem Herzen war ein dumpfer Schmerz, es tat sehr weh, aber gleichzeitig spürte sie, wie etwas von Amalies Kraft auf sie übergegangen war und dass sie dankbar war für alles, was sie von Amalie lernen durfte. Sie war trotz allem glücklich - glücklich, Amalie kennengelernt zu haben und ihre große Liebe erfahren zu haben. So vieles hatte sie von ihr gelernt.

Der Mensch bemerkte Sissis Veränderung. Beim Füttern kam sie näher heran und schmiegte sich jedes Mal dankbar kurz in seine Hände. Ihre Augen schauten tief und vertrauensvoll in seine.

Er machte sich Gedanken um sie und ließ sie seine Liebe spüren bei der täglichen Fütterung.

Eines Tages, als der Mensch etwas Geld übrig hatte, entschloss er sich, Sissi und ihrem Sohn eine Freude zu machen und ließ Moppel operieren, so dass es keine Babies mehr geben konnte, denn außer den beiden hatte er noch zwölf andere Kaninchen und das war wirklich genug.

Nun konnten die zwei zusammenleben und ihre Wohnung zusammen nutzen. Bei Kälte kuschelten sie sich aneinander, oder auch einfach so, wenn ihnen nach Kuscheln zumute war. Sie erzählten sich von der Zeit, als noch jeder allein gewesen war und wie sie das Leben empfunden hatten damals.

Und Moppel lernte alles von Sissi, was diese damals von Amalie gelernt hatte. Er war dankbar für alles und sie liebten einander sehr.

Nach langer Zeit, sprang Sissi wieder einmal auf ihren Spitzboden, der ihr alleiniges Refugium geblieben war und hörte plötzlich eine zarte Stimme rufen:

„Sissi!" Sie erschrak und machte einen kleinen Satz - da sah sie in der rechten Ecke ein kleines Mäuschen sitzen. Im ersten Moment dachte sie, es sei Amalie, aber dann wurde ihr sofort klar, dass das nicht sein konnte: "Hallo, wer bist denn du?" fragte sie das Mäuschen.

„Ich bin Antonia, die Tochter von Amalie! Meine Mutter hat mir immer ganz viel von dir erzählt, wenn sie mich unter dem Holzstoß besuchte.

Ich bin so allein, alle sind weg - in alle 4 Winde zerstreut, seit Mama gestorben ist und ich wollte fragen, ob ich hier bei dir wohnen darf!"
Ängstlich sah sie Sissi an.

Sissi strahlte sie an: „Wie schön, Amalies Tochter!" Sie freute sich sehr.
„Aber natürlich kannst du bei uns wohnen! Inzwischen wohne ich nämlich nicht mehr allein, mein Sohn wohnt mit mir unten im Stall, aber hier oben ist mein Reich und jetzt auch deins! Ich freue mich sehr, dass du zu mir gekommen bist. Deine Mutter war mir die beste Freundin, die ich mir wünschen

konnte und ich habe sehr viel von ihr gelernt.

Willkommen in unserem Daheim!"

Und so kam es, dass Sissi wunderbar beschenkt wurde. Sie begrüßte jeden neuen Tag voller Dankbarkeit für alles, was sie hatte. Einen lieben Lebensgefährten, eine liebevolle Freundin, Futter und Liebe, soviel sie wollte von ihrem Menschen und dazu die Gewissheit, dass alles gut war in ihrem Leben.

Für alles war gesorgt und niemals wurde es weniger, im Gegenteil, je mehr sie alles schätzte und annehmen konnte, umso mehr vermehrte es sich.

Das Leben war wundervoll! Und sie dachte voll Liebe an eine liebe Mäusefrau, die ihr das Wunder des

Lebens, der Liebe und Dankbarkeit nahegebracht hatte.
Nie würde sie ihre liebevolle und großherzige Lehrerin vergessen.

FSC
www.fsc.org
MIX
Papier aus ver-
antwortungsvollen
Quellen
Paper from
responsible sources
FSC® C105338